DE LA RÉPUBLIQUE
EN FRANCE

DE

LA RÉPUBLIQUE EN FRANCE

MÉMOIRE

ADRESSÉ A L'ASSEMBLÉE NATIONALE

PAR P.-A. DUFAU

« Je préfère le système monarchique,
» parce qu'il m'est démontré qu'il y a
» plus de liberté pour les citoyens dans
» la Monarchie que dans la République. »

(SIÉYÈS, *Lettre écrite en 1791*.)

PARIS
AMYOT, ÉDITEUR
8, RUE DE LA PAIX, 8

1871

A MONSIEUR J. GRÉVY,

PRÉSIDENT DE L'ASSEMBLÉE NATIONALE.

MONSIEUR LE PRÉSIDENT,

J'ai l'honneur de placer sous vos yeux le mémoire ci-joint que j'adresse à l'Assemblée nationale, et dans lequel j'examine la grave question de l'application définitive de la forme républicaine à notre France actuelle.

Dieu, qui lit dans les âmes, sait si, en publiant cet écrit, je suis animé d'une autre préoccupation que de celle du bien public. Non certes, il n'est point une œuvre de parti, mais bien une étude calme et consciencieuse que je soumets aux méditations de mes concitoyens, à quelque drapeau qu'ils se rallient.

L'à-propos de cette publication sera généralement senti.

D'une part, en effet, on peut remarquer que nombre d'esprits appartenant aux générations nouvelles manquent de notions positives sur les matières politiques, par suite restent indécis entre la République et la Monarchie, et passent de l'une à l'autre au gré des circonstances.

On voit d'autre part se développer, chez certaines catégories d'individus, la tendance à une sorte d'idéalisme politique, qui n'est pas moins dangereux que l'idéalisme religieux ou philosophique; car de là naissent ces thèses absolues, ces formules dogmatiques qui mènent aux divisions haineuses, irréconciliables, parfois même à la guerre civile.

J'ai cru l'examen auquel je me suis livré propre à exercer une utile action sur ces dispositions diverses de l'esprit public.

Quelle que soit, au surplus, Monsieur le Président, la théorie exposée dans ce travail, son auteur se soumet d'avance à la décision de la majorité, si elle lui est contraire; et, quant à présent, il adhère pleinement à cette politique de prudence et de transition qui a pour but l'apaisement des esprits, au sein de la fatale crise où la France s'est trouvée plongée.

En somme, un débat solennel et prochain doit avoir lieu entre les deux formes de gouvernement. Que ce mémoire soit une pièce à consulter dans le grand procès que le pays aura alors à juger; je n'ai pas d'autre prétention.

Je suis avec une respectueuse considération,

Monsieur le Président,

Votre très-humble et obéissant serviteur,

P. A. DUFAU.

Versailles, 1er août 1871.

I

J'expose, dans le présent mémoire, les difficultés que semble présenter l'application durable, définitive de la forme républicaine à notre France telle que l'ont faite les révolutions successives dont elle a été le théâtre.

Je pose des principes que je crois fondés sur le raisonnement et sur l'expérience; j'ai voulu sortir du cercle de ces vagues allégations dont on se contente si souvent à ce sujet, et montrer pour quels motifs, après avoir passé, avec la plupart des hommes de mon temps, par les conceptions républicaines, j'ai dû, à la suite de longues et consciencieuses études, les abandonner, comme erronées et insuffisantes et ne répondant nullement aux besoins de la société française.

Je résume simplement, dans ce travail, des idées dès longtemps soumises au public (1). Ont-elles une valeur

(1) Ces idées furent exposées dès 1832, dans trois lettres insérées au *Constitutionnel*; elles ont été reproduites plus tard en divers écrits, notamment dans celui qui a pour titre : *La République et la Monarchie dans les temps modernes*, 1 vol. in-12, 1852.

réelle? Je l'ignore, car nul n'a pris la peine de les examiner. J'entendais soulever une thèse de politique positive, mais la métaphysique politique est toujours en si grand crédit parmi nous, que je n'ai pu amener personne sur ce terrain. Serai-je plus heureux aujourd'hui?

On reconnaîtra du moins, j'ose l'espérer, que j'ai tâché de me tenir en dehors de tout parti pris, de toute passion politique; je puis bien en toute conscience protester de mon entière indépendance d'esprit dans la discussion de ces hautes questions; j'ai cherché en ceci la bonne et simple vérité. Tant d'années de méditation ne m'auraient-elles amené qu'à un résultat infructueux? Soit: j'ai tort ou j'ai raison, qu'on me discute et qu'on me juge; c'est mon droit, et je le réclame devant l'illustre Assemblée en ce moment chargée de préparer sinon de régler les destins ultérieurs de la patrie.

II

Essayons d'abord de nous entendre relativement à ce mot même de *République*, si souvent prononcé à l'aventure de nos jours, et sans que ceux qui s'en servent aient une notion parfaitement claire de l'objet dont il s'agit.

Pour beaucoup de personnes, en effet, le mot de République représente une conception idéale à laquelle ne s'attache aucune donnée pratique, et il est évident que dans l'appréciation du plus grand nombre il n'y a ici, au fond, qu'une simple négation : la *République,* cela veut dire *qu'il n'y a point de roi.*

Mais, en fait, dans plusieurs états décorés du titre de République, la Royauté a co-existé avec la forme républicaine. A Sparte, il y avait des rois, même héréditaires; Rome, sous les Césars, fut une République nominale dont les chefs concentraient en eux toutes les grandes charges et fonctions anciennement réparties entre les divers membres de l'aristocratie (consul, *imperator* ou chef de l'armée, pontife, etc., etc.); en Pologne, l'organisation monarchique présenta souvent le caractère mixte de l'élection et de l'hérédité; à Venise, sous le titre de doge siégeait nominalement un véritable roi électif et viager. Il n'y a donc pas là une base de définition.

En somme, on peut affirmer que, dans l'état actuel de la science politique, il est difficile de dire, au juste, à quelle organisation convient exclusivement le nom de République. Robespierre tranchait la difficulté quand il disait à la tribune des jacobins (13 juin 1791) : « *Le mot de République* » *ne signifie aucune forme particulière de gouvernement, il* » *appartient à tout gouvernement d'hommes libres qui ont* » *une patrie.* » Mais ce langage du futur triumvir prouve qu'on s'en tenait à cette époque, en matière de gouvernement républicain, à ces considérations vagues et déclamatoires dont on se contente si souvent dans le nôtre. Tâchons d'arriver à quelque chose de plus précis, de découvrir le principe fondamental d'où découlera la notion claire et distincte qui nous manque.

Je prends la question de haut, mais nous marcherons rapidement au but.

En quelque état qu'on observe la société, même à son degré le plus élémentaire, on y retrouve toujours un pouvoir qui la régit. Nous dirons que la société est un fait qui résulte de l'existence de l'homme et le pouvoir un fait qui résulte de l'existence de la société. De même qu'il faut une autorité qui préside aux opérations domestiques dans la famille, il en faut une pour régir les travaux quelconques de l'association, pour diriger la défense contre l'agression étrangère, pour maintenir l'union des citoyens à l'intérieur. Jusqu'ici point de contestation possible, mais le dissentiment va bientôt se produire.

En effet, l'autorité prend une forme, et cette forme n'est pas toujours bonne, tant s'en faut ! de plus, elle s'exerce par des hommes, et son exercice doit, par conséquent, être sujet aux abus ; l'histoire est remplie de faits monstrueux qui attestent combien a été souvent mal pratiqué ce pouvoir, sorti de la société comme une de ses nécessités les plus indispensables.

Avec les excès du pouvoir ont dû naturellement naître des tentatives, des efforts pour le comprimer, dans son action funeste, pour le ramener à sa destination primitive. L'étude des faits nous montre constamment dans l'organisation des sociétés politiques des institutions conçues dans le but de leur rendre ce bon office. Ces institutions constituent ce qu'on appelle *la Liberté*. Dès lors deux éléments, deux forces sont en présence, entrent en lutte. Les passions, les ambitions, les convoitises particulières aidant, de cette lutte naissent, pour les Etats, de grandes perturbations auxquelles on donne le nom de *Révolutions* et au sein desquelles périt parfois le Pouvoir et plus souvent encore la Liberté.

La Liberté se décompose en un certain nombre de *droits* reconnus aux citoyens par la constitution.

Je ne m'occupe pas de l'origine fastueuse qu'on donne d'ordinaire aux droits politiques; je considère que la société est fondée sur des rapports existant *nécessairement* entre ceux qui la forment et en dehors desquels elle ne saurait avoir lieu. Il n'est pas moins positif que la loi politique doit être l'expression de ces rapports, sous peine de n'exprimer qu'un état de choses sans réalité. Appliquerons-nous à ces rapports le terme de *droits*, on voit tout au moins qu'ils s'ouvrent en quelque façon avec la loi sociale, qui en règle l'action, qui en détermine l'étendue, qu'ils ne s'exercent que d'après ses prescriptions, qu'ils n'ont réellement d'existence que par elle.

La nature accorde des facultés, la société crée des droits. Telle est la vérité. Le principe est clair, fondé sur l'observation.

De la donnée métaphysique qu'on m'oppose découle toute une science creuse et vaine qui a mené aux plus étranges conceptions; après avoir défrayé les tribunes populaires dans les années néfastes de la Révolution, nous les avons vu sortir en ces derniers temps du décri public où elles étaient tombées, et retrouver, dans les assemblées issues du droit de réunion, des organes. On croit rêver quand on écoute les apologistes des Marat, des Saint-Just, des Chaumette, des Babœuf, leurs ardents propagateurs de cette époque, sur l'objet même qui nous occupe. La République n'est plus pour les adeptes une simple forme de gouvernement très-variable (1) qui s'adapte à de certains faits sociaux existants; elle est l'essence même du gouvernement des sociétés humaines, elle est antérieure à toutes conventions, en dehors et au-dessus du suffrage universel, et les hommes *n'ont pas le droit* de vivre sous un autre régime. En vérité n'est-ce pas reculer les limites de l'absurde?

Partant de là, il s'est trouvé dans le parti révolutionnaire des individus pour lesquels l'ère républicaine n'a pas subi d'interruption, et qui datent leurs documents de l'*an* 78e *de la République française*, comme Louis XVIII datait en 1814 sa charte *de la* 21e *année de son règne !*... C'est ainsi que les partis se copient involontairement, car quelle différence y a-t-il, je le demande, entre la monarchie de *droit divin*, et cette république de *droit surhumain?* Il s'agit également, dans les deux cas, d'ériger une organisation gouvernementale en un dogme auquel doivent se soumettre la raison et la volonté !... Passons à quelque chose de plus sérieux.

III

La consécration des droits politiques par l'acte constitutif donne origine à ce qu'on appelle un gouvernement libre ;

(1) Aristote en comptait, dans le monde politique de son temps, environ trois cents, toutes diverses entre elles.

un gouvernement despotique, au contraire, est celui où ces droits ont été anéantis au profit du pouvoir.

Il importe de remarquer, au surplus, que l'un comme l'autre gouvernement, la Monarchie ou la République, comportent également la plénitude des droits attribués aux citoyens (liberté de conscience, d'enseignement, de la presse, etc., etc.); l'Angleterre le dispute assurément, sous ce rapport, à la meilleure des Républiques; ce n'est donc pas encore ici que s'établit la différence caractéristique entre les deux formes de gouvernement.

Elle n'est pas davantage dans la question si souvent discutée *du gouvernement du pays par le pays*, puisque ce système qu'on oppose à celui de la centralisation administrative nous le retrouvons encore excellemment appliqué en Angleterre où il a pris son nom (*self-government*). Poursuivons.

Pour empêcher le triomphe du despotisme, pour contenir le pouvoir en de justes limites, on n'a trouvé jusqu'à présent rien de mieux que de le diviser.

Nous rencontrons ici la théorie si admirablement exposée par Montesquieu, de la division du pouvoir en *législatif*, *exécutif* et *judiciaire*. Je laisse à l'écart le dernier. Au point de vue où nous sommes placés, il ne doit compter, en effet, que comme un fractionnement du pouvoir exécutif doté d'une existence propre et indépendante, pour donner de plus fortes garanties à la vie et à la fortune des citoyens.

Faire la loi et l'exécuter, voilà deux grandes attributions du pouvoir qui régit la société, et suivant qu'elles sont séparées ou réunies ou bien combinées entre elles, elles présentent deux ordres très-tranchés d'organisation politique.

On peut poser une règle invariable : quand les pouvoirs législatif et exécutif sont confondus, quand celui qui fait la loi est aussi chargé de l'exécuter, le gouvernement est despotique. Appelez-le Monarchie ou République, peu importe le nom. Lorsque Cromwel eut chassé dans la Grande-Bretagne le long Parlement, on continua à dire la *République d'Angleterre;* mais le protecteur marchait à côté de Louis XIV, régnait d'une façon plus absolue encore, et la situation des sujets de ces deux souverains était égale.

De même aussi une assemblée qui absorberait en elle tous les pouvoirs ne saurait amener qu'un régime de servitude, bien que le nom de liberté fût inscrit en tête de tous ses actes. Tel fut celui qui s'organisa en 1793 au sein de la Convention nationale. Il ne s'agit point ici de juger ce gouvernement, de rechercher si, dans la crise terrible où se trouvait alors le pays, il pouvait être autre que ce qu'il a été, j'établis simplement qu'en conformité du principe que je viens de poser, il dût constituer pour les citoyens un état d'oppression que les tyrannies monarchiques n'ont que rarement égalé. Ce gouvernement s'intitula lui-même *révolutionnaire*; il ne mentit pas à sa sanglante origine; ne donnons pas à une telle désorganisation le grand nom de République.

Il faut insister sur ce principe fondamental que la confusion des deux pouvoirs est radicalement incompatible avec l'établissement stable et régulier d'un gouvernement libre; c'est ce qu'énonce l'immortel écrivain que je viens de citer, dans les lignes suivantes : « Lorsque dans la *même* » *personne* ou dans le *même corps de magistrature,* la puis- » sance législative est réunie à la puissance exécutive, *il*

» *n'y a point de liberté,* parce qu'on peut craindre que le » même monarque ou le même sénat ne fasse des lois ty» ranniques pour les exécuter tyranniquement. » (Montesquieu, *Esprit des Lois*, liv. XI, chap. VI.) Rousseau lui-même, dans ce livre célèbre dont les erreurs ont exercé une si grande action sur le monde, appelle énergiquement une telle organisation *un gouvernement sans gouvernement.* (*Contrat social*, liv. III, chap. IV.)

Il semblerait donc que nous avons là un de ces principes sur lesquels il n'y a plus lieu de revenir ; mais sur quoi ne revient-on pas en France? Quelle doctrine reste intacte parmi les luttes déplorables dont nous donnons au monde le spectacle? Ne voyons-nous pas une de nos écoles républicaines faire justement son idéal d'une telle organisation, la préconiser comme un admirable expédient pour résoudre cette immense difficulté que présente, comme nous allons le voir, dans ce gouvernement, la constitution du pouvoir exécutif? Tant les théories politiques sont étudiées en ce pays avec une regrettable légèreté !

IV

Les deux pouvoirs, le législatif et l'exécutif, coexistent séparément et exercent par la force même des choses une certaine action réciproque ; eh bien ! c'est précisément dans le mode de cette action, dans la forme du compromis qui en résulte, qu'est la solution que nous cherchons.

Je dis que la distinction fondamentale entre la monarchie et la république s'établit par la prépondérance essentielle et décisive de l'un des pouvoirs sur l'autre. Il y a monarchie si le premier rang est incontestablement dévolu au pouvoir exécutif, si le législatif placé à un degré inférieur se subordonne à ce dernier et lui apporte un simple concours.

Que si, au contraire, le législatif marche en tête du corps politique absorbant en lui la souveraineté nationale tout entière, et laissant dans une position secondaire et restreinte le pouvoir exécutif, alors il y a république. Ici, apparaît nettement l'institution républicaine, elle se combine, comme on va le voir, avec une composition très-diverse de ce pouvoir législatif. N'importe, pourvu qu'il soit dominant, vous devrez toujours appeler l'Etat du nom de République.

L'organisation du pouvoir exécutif est indifférente aussi dans la question, la haute magistrature, chargée de l'exécution des lois, sera exercée par un ou par plusieurs, elle sera temporaire ou viagère, son titulaire sera même roi, si l'on veut, nous l'avons vu; le pouvoir législatif est au sommet, le gouvernement n'en est pas moins républicain.

Posons donc, comme règle, que c'est à cette sorte de gouvernement, où le pouvoir chargé d'exécuter les lois est vis-à-vis de l'autre dans une véritable dépendance, qu'appartient exclusivement le titre de République. Le principe est clair et devient un guide sûr dans l'examen des institutions qui régissent les différents peuples. On ne peut plus maintenant se laisser tromper par une vaine appellation; en fait de république, on sait que le mot peut se trouver sans la chose et la chose sans le mot. C'est ainsi que la constitution de 1791 en instituant une royauté nominale, avait, en fait, fondé la république qui fût inaugurée en 1793. D'autre part, la constitution Républicaine de l'an VIII rétablissait en réalité la monarchie restaurée, en effet, peu d'années après, par la création de l'Empire, lequel conserva quelque temps encore le titre de République. On a enfin de la sorte cette notion précise et distincte qui nous manquait au début de ces considérations.

Nous pouvons à présent procéder à une première classification de la République, elle naît naturellement de la composition de ce pouvoir législatif dont la supériorité avouée est l'essence de cette forme de gouvernement. La république sera donc *aristocratique*, *oligarchique* ou *démocratique*, suivant la nature des éléments qui constituent les corps qui la régissent, suivant la source où on les aura puisés.

V

Que dans un état se trouve constitué, dès son origine, et maintenu au travers des âges, un corps choisi, possédant la plus grande partie du sol, investi de titres respectés, de prérogatives presque régaliennes, d'un haut patronage consenti par les autres classes de la population, formant enfin une aristocratie vaste et puissante, et nous nous trouvons placés dans un ordre de choses qui a ses conséquences naturelles; ici, la totalité du pouvoir législatif est aux mains de ces élus, de ces privilégiés de la nation et le titulaire de l'autre pouvoir est à beaucoup d'égards en réalité, comme s'il n'était pas.

Je vois dans ces royautés du moyen-âge, issues de la lutte des communes avec l'aristocratie et à présent transformées en monarchies représentatives, cette aristocratie former encore un élément plus ou moins influent; mais où la royauté et le peuple ont été vaincus, où le champ de bataille est resté aux nobles, la République a pu s'établir; sans doute elle est alors un grand mensonge, mais ce mensonge peut procurer au corps politique une longue et brillante existence. Venise, de sombre et farouche mémoire, avec son sénat, son conseil des Dix et son inquisition d'Etat, ses plombs pour les prisonniers, sa bouche de fer pour les délateurs, Venise, modèle accompli de cette sorte de gouvernement, a vécu dix siècles, grande et prospère, et pour l'abattre, il a fallu la révolution française et Napoléon.

Pourquoi ce gouvernement peut avoir une grande solidité, cela est facile à concevoir. Quelle puissance d'action doit en effet résider dans une telle agglomération de familles profondément séparées des autres classes de la population par une filiation antique et illustre, par des attributions d'Etat transmises avec le sang, par des trésors lentement accumulés au travers des siècles et dûs souvent, il faut le dire, à de grands services rendus à la commune patrie. Tout se tient dans un pareil système ; cette organisation politique, si les masses populaires y trouvent une grande prospérité matérielle, peut présenter de fortes garanties d'ordre et de stabilité. Les intérêts sur lesquels repose l'association sont protégés par l'existence d'un tel patriciat et il est évident que l'anarchie, cet écueil du gouvernement républicain, n'est guère à craindre.

La République oligarchique n'est qu'une subdivision de cette forme de gouvernement; elle peut naître d'un état social où le commerce et l'industrie ont concentré en quelques mains laborieuses les richesses et l'influence ; alors se trouve constitué un corps qui a remplacé l'aristocratie et qui exerce, en général, le pouvoir dans une pensée non moins égoïste, souvent même plus oppressive pour les cultivateurs du sol et les classes ouvrières des cités.

Mais là manque cette base solide que constitue un grand corps aristocratique. Les destinées de l'Etat sont parfois livrées aux caprices de la fortune. En fait, dans l'antiquité, les Républiques oligarchiques eurent toujours peu de durée et dans les temps modernes, la République hollandaise, fondée à la fin du seizième siècle, s'éteignait à la fin du dix-huitième, déjà à peu près réduite en monarchie par les usurpations du *stathoudérat*.

Sous nos yeux, quelques cités allemandes qui représentaient encore cette forme de gouvernement, viennent de disparaître du monde politique, en passant sous le joug effectif de la Prusse, sans que personne en Europe s'en soit inquiété.

Passons à la République démocratique. Nous sommes ici au cœur du sujet, car ce n'est assurément pas de la République aristocratique ou oligarchique qu'il pourrait être sérieusement question dans le temps et dans le pays où nous vivons. La République dont il s'agit aujourd'hui pour la France ne saurait être que démocratique.

En effet, qu'est-ce que la France, à la suite des révolutions qu'elle a eu à subir depuis 1789? A cette question, il n'y a qu'une réponse : la France est politiquement une grande et puissante démocratie, une pure démocratie d'environ quarante millions d'individus, c'est-à-dire un Etat dont l'analogue ne s'est jamais jusqu'ici produit à la surface du globe.

On ne peut effectivement, ni dans le passé, ni dans le présent, lui rien comparer; ainsi la grande union américaine, qui s'en rapproche à quelques égards, est pourtant bien loin de pouvoir nous être assimilée; car dans son sein vivent des races hostiles l'une à l'autre; le préjugé de couleur est là dans toute sa force, et nous en avons eu, nous en avons encore sous les yeux, les déplorables conséquences!

En France seulement il n'est ni races ni couleurs, vous ne trouvez que des individus parfaitement égaux; de l'ancienne existence féodale, il ne reste plus que des titres sans valeur politique, sans priviléges d'aucune sorte; rien, absolument rien, ne porte atteinte à cette égalité dont le suffrage universel est l'expression naturelle et la consécration légale. Sans doute, cette égalité comporte une classification qu'amène nécessairement la marche de la société; les lumières, la fortune, la profession, d'autres circonstances encore, constituent, relativement aux habitudes de la vie, deux portions distinctes du corps social, la bourgeoisie et le peuple; mais ces deux portions se mêlent et se confondent selon les jeux du sort et les aptitudes particulières des individus. Entre elles point de barrières infranchissables : on va sans entraves de l'une à l'autre, et la grande unité démocratique n'en subsiste pas moins pleine et entière.

Telle est bien, en réalité, la situation de notre pays, situation dans laquelle se combinent l'*inégalité sociale* et l'*égalité politique*, situation, je le répète, unique dans le monde, et sur laquelle il suffit de jeter un simple coup d'œil méditatif pour reconnaître que donner une organisation politique à un tel état de choses est une opération neuve et délicate, et qu'il n'y a pas, comme semblent le croire quelques publicistes, de moule tout fait d'avance où il s'agisse simplement de la couler.

Oui, certes, trouver un gouvernement qui, dans de telles conditions, procure au corps social la stabilité, la sécurité suffisantes, qui ne devienne pas le jouet des partis, qui ne soit pas emporté au souffle des tempêtes civiles, ce n'est pas œuvre de facile accomplissement. Six régimes, quatre monarchiques et deux républicains, y ont échoué dans l'espace de moins d'un siècle. On a souvent cru arriver au but, dans ce laps de temps, mais toujours on l'a manqué. Nous en sommes là.

VI

Mais d'où naît donc cette difficulté si grande que présente l'organisation politique d'une démocratie telle que la France, et qui empêche enfin de la doter, sous la forme républicaine, d'un gouvernement à la fois stable et libre?

On en aura une juste idée, si on se rend bien compte de ce qu'est, conformément à la nature même des choses, la démocratie. Sortons du cercle de ces vaines déclamations dont on se paie trop souvent. Ce qui ressort d'un impartial examen, c'est que la démocratie comprenant, dans sa grande masse, les classes de la population où il y a une moindre part des avantages sociaux, il doit s'établir en elle un courant irrésistible et permanent pour les conquérir; de là une tendance au changement à laquelle elle obéit nécessairement, et qui lui est aussi naturelle que la tendance à la conservation chez ceux qui possèdent ces avantages.

Je laisse ici à l'écart la question de droit et d'équité. Qu'il soit juste de faire, autant que possible, participer les classes dont il s'agit à ces avantages sociaux ; oh! je suis loin de le nier, mais je ne m'attache en ces considérations, qu'à constater un fait qui a un immense intérêt dans la constitution des États ; je fais de la politique et non de l'économie sociale.

Il faut avouer, l'histoire à la main, ces inévitables entraînements de la démocratie; je ne la calomnie pas, elle a ses vertus propres auxquelles je rends pleinement témoignage ; elle a fait des miracles dans l'univers ; elle a éminemment le sentiment des grandes choses et des dévouements sublimes, qui fait parfois défaut dans les rangs de la société où se concentrent les richesses et les lumières. C'est grâce à elle que l'esprit de civilisation a vaincu par degrés la barbarie antique. Je la salue comme l'instrument que la Providence a choisi pour effectuer cette grande conquête qui se poursuit sous nos yeux et à laquelle chaque an nouveau apporte son tribut.

Mais si elle est admirable dans son action extérieure, il en est tout autrement de son rôle actif dans le jeu des institutions politiques. Ne l'admettez là que comme élément subordonné, si vous voulez obtenir ce maintien de l'ordre sans lequel la société ne saurait subsister. J'ai dit ailleurs que comme elle est *une force qui procède du bas en haut, il ne se peut qu'elle ne soit pas subversive*. Elle ne s'arrête pas, il faut qu'on l'arrête, et elle ira infailliblement, si son action reste libre, jusqu'à l'anarchie mortelle à la société. La liberté est son mobile, oui, mais laissez-la faire, elle la rendra toujours impossible; au fond, elle ne la comprend pas ; elle la repousse en tant qu'on donne ainsi des armes aux intérêts qui ne sont pas les siens, aux sentiments qu'elle réprouve ; en vérité, elle n'en veut que pour elle, et tend toujours à la pousser jusqu'à ces limites où ce n'est plus pour le corps social qu'une insupportable oppression.

Eh ! sans recourir au passé, qu'on me dise si ce qui se déroule à nos yeux n'est pas une justification complète de cette assertion? quel spectacle nous a offert, dans ces derniers temps, le mouvement produit par l'abus du droit de réunion et de la liberté illimitée de la presse ! N'est-il pas fécond en enseignements pour ceux qui réfléchissent? Jamais les principes de la science politique, de la science économique furent-ils plus ouvertement foulés aux pieds? Jamais Dieu, la famille et la propriété, ces bases sacrées de la sociabilité humaine, furent-ils en butte à plus d'outrages blasphémateurs? Que parlez-vous de République sage et modérée ? Cette démocratie effrénée n'en a que faire ! Ce qu'il lui faut, c'est une dictature qu'elle n'a cessé de réclamer depuis 1793. Elle la veut pour amener la subversion de la société actuelle, pour consommer ce qu'elle appelle énergiquement la *liquidation sociale*. Hélas! oui, des lois de spoliation, d'abolition des dettes, de confiscation ou de partage des biens, c'est à quoi, dans tous les temps, aboutit toujours la démocratie quand aucun obstacle ne l'arrête dans ses entraînements; c'est toujours son dernier mot (1)!

Je n'exagère donc rien, quand je prétends que la démocratie, pour exercer une influence utile, doit être contenue. La nécessité de la contenir est au reste avouée par les publicistes les plus distingués. M. Guizot, en 1849, exposait dans un écrit sur la *démocratie en France* la nécessité pour toutes les *forces conservatrices* de la société de s'unir pour la défendre contre les entraînements démocratiques : « Si, » disait-il, les éléments conservateurs demeurent désunis » et désorganisés, la *démocratie perdra la France* et se » perdra elle-même en la perdant. » Je citerai encore une autorité non moins imposante, celle de Stuart-Mill, l'éminent économiste qui siégeait naguère au Parlement d'Angleterre dans les rangs de l'opposition avancée; cet écrivain, dans un volume d'un haut intérêt sur le *Gouvernement représentatif* (2), reconnaît qu'en toute organisation politique il doit y avoir un contrepoids et « *par conséquent, dans une constitution démocratique un moyen de résistance contre la démocratie.* » Voilà certes qui est formel et concluant.

(1) Ceci était écrit antérieurement aux horreurs dont Paris vient d'être le théâtre, horreurs qui ne justifient que trop l'exposé ci-dessus.

(2) Traduit par M. Dupont Wihte. In-12, 1862.

VII

Or, dans un pays où table rase a été faite de toutes supériorités politiques, où il ne reste plus le moindre vestige de ces éléments aristocratique ou oligarchique qui opposent une barrière à la démocratie, il n'y a pour la contenir qu'un moyen, un seul, c'est d'organiser au sommet une magistrature dotée d'assez de force pour pouvoir se mesurer avec elle et l'arrêter, quand besoin sera, dans ses écarts. Cette conclusion n'est-elle pas forcée, ne ressort-elle pas invinciblement de la discussion ?

Et voilà pourquoi tout d'abord la forme républicaine qui, comme je l'ai montré plus haut, consiste précisément dans la prépondérance du pouvoir législatif et l'exclusion virtuelle d'une telle magistrature, rencontre tant d'obstacles et n'a pu par deux fois devenir un solide établissement dans notre pays. Comment s'étonner qu'elle n'ait pas eu de solidité ! Il fallait opposer une digue au grand courant démocratique. Cette digne ne saurait être que la haute magistrature chargée de l'exécution des lois et vous adoptez justement la forme de gouvernement qui ne la comporte pas ! N'est-ce pas une flagrante contradiction ?

Les théoriciens de l'école républicaine se refusent à comprendre ceci, faute de vouloir remonter aux éléments essentiels de cette organisation politique ; je ne m'en étonne pas. Il est plausible en effet que l'extension indéfinie de la démocratie doive naturellement amener la République démocratique; aussi est-elle à leurs yeux le gouvernement de l'avenir.

Mais c'est là d'abord une thèse à laquelle l'histoire donne un démenti formel. Dans les États puissants par le territoire et la population, c'est la République aristocratique et non la République démocratique qui s'établit et se perpétue; par cette raison que la société trouve, répétons-le, dans l'aristocratie ces garanties qu'elle réclame avant tout en faveur des grands intérêts qui la constituent, tandis qu'elles lui font défaut, quand la démocratie domine seule.

Parmi les agitations intestines que subirent ces Etats de l'ancienne Grèce dont le savoir classique a si souvent dénaturé l'existence réelle, un grand fait apparaît qui donne appui à l'assertion que je viens d'émettre, c'est que ce fut justement à l'élément aristocratique ou oligarchique qui s'y combina avec l'élément populaire, qu'ils durent de vivre un certain temps et qu'ils périrent quand la constitution y eut été changée au profit de la démocratie.

A Athènes lorsque Périclès, véritable ministre d'Etat préposé à la direction des affaires, eut achevé de briser la barrière que Solon avait opposée aux envahissements démocratiques, dans l'organisation du Sénat et de l'Aréopage, la décadence commença et moins d'un demi-siècle après, la République devenue purement démocratique expirait, pour ne plus renaître, dans les plaines de Cheronée.

A Rome, lorsque à la suite de troubles sanglants dont nos temps les plus affreux présentent à peine l'image, l'aristocratie, base de ce grand gouvernement, eut été définitivement vaincue dans sa lutte avec la démocratie, ce ne fut pas la République qui s'établit, mais le pouvoir d'un seul, le système monarchique.

A Carthage, dans le principe, l'influence de la démocratie se trouvait balancée par le pouvoir d'une puissante oligarchie et par celui de deux magistrats chargés de l'exécution des lois; c'était un gouvernement qui avait beaucoup d'analogie avec celui de Rome, mais insensiblement le peuple gagna du terrain, et ce fut, selon le grave historien Polybe, l'origine de la chute de cette célèbre République dans sa lutte avec sa rivale. « Chez les Carthagi-
» nois, dit-il, (liv. VI) c'était le peuple qui dominait alors
» dans les délibérations; chez les Romains c'était le Sénat;
» là, on prenait les avis de la multitude, ici, on consultait
» les plus habiles citoyens et c'était d'après leurs conseils
» que se faisaient les grandes entreprises; ce fut par ces
» sages mesures que Rome, bien qu'elle eut été défaite
» en bataille rangée, triompha finalement des Carthagi-
» nois. »

Au moyen âge, parmi les phases de la grande lutte entre le sacerdoce et l'empire, la démocratie s'éveilla et le sol de l'Italie se couvrit de républiques généralement modelées dans leur organisation, pourtant très-diverse, sur celles de l'antiquité. L'histoire a conservé le tableau des agitations incessantes que suscita dans ces malheureuses cités, cette compétition en quelque sorte organisée entre l'élément nobiliaire ou bourgeois et l'élément populaire. A Florence, dont Machiavel a si éloquemment retracé les phases, on ne saurait imaginer jusqu'à quel degré de désordre fut parfois plongée la société par cette lutte; les troubles se perpétuèrent jusqu'à ce qu'enfin les Médicis devinrent les maîtres définitifs de l'Etat.

Ainsi là, comme toujours, la liberté périt parmi ces luttes; il en advint de même dans toutes les cités; les citoyens, las d'un régime qui avait été suivi de tant de calamités, cherchèrent dans le gouvernement despotique un refuge contre les excès des factions rivales. Des chefs étrangers, d'abord électifs et temporaires, devinrent l'origine de ces maisons régnantes, qui ont subsisté jusqu'à nos jours. La forme républicaine, maintenue seulement dans quelques Etats où l'aristocratie l'avait emporté, fut peu à peu expulsée de partout; finalement elle a tout à fait disparu pour la seconde fois du sol italien.

Il ne faut point en effet se lasser de le redire, le résultat à peu près inévitable du triomphe de la démocratie et de l'état anarchique que suscite ce triomphe, c'est d'amener la domination d'un seul.

La réflexion fait comprendre qu'il ne saurait en être autrement. La société vit, d'habitude, par le calme et l'ordre, sans lesquels il n'y a point de travail; les troubles, les révoltes qui agitent la cité lui sont mortels; quand donc un tel état de choses est amené par le courant des idées démocratiques, il se manifeste sur-le-champ en elle une tendance marquée à marcher dans le sens contraire.

Avant les événements qui la troublent, peut-être, animée de cet esprit d'opposition, de jaloux dénigrement, qui germe et grandit facilement parmi les classes aisées, dans les temps prospères surtout, a-t-elle secondé le mouvement? Mais quand il s'est accompli, elle voudrait le refouler. On la voit alors s'éloigner du pouvoir qui tire sa force du peuple, du pouvoir législatif où l'agitation a toujours son principal foyer, pour se rapprocher de l'autre, de qui elle attend l'action une et ferme, qui pourra la sauver; on la voit se mettre, pour ainsi dire, à sa discrétion; s'il se montre digne de la mission qui lui a été dévolue, c'est alors qu'il peut, même impunément, attenter, comme un Cromwel, comme un Napoléon à la représentation nationale. Tout, hélas! lui sera permis par la bourgeoisie qui marche en tête de cette évolution, où le peuple ne tarde pas à la suivre; car il a su quelles misères, quelles souffrances recèle pour lui cette vie d'insurrection à laquelle il s'était un moment laissé entraîner.

Voilà comment les nations se trouvent placées en de telles conjonctures sur une pente au bas de laquelle est inévitablement le pouvoir absolu. Les esprits superficiels, quand se produisent ces crises fatales, accusent toujours l'ambition individuelle; celui qui les médite avec impartialité reconnaît que les événements se développent sous l'influence d'irrésistibles impulsions qui s'imposent d'abord à tous; la situation est telle qu'il faut de toute nécessité qu'il y ait un *ambitieux* pour rétablir entre les forces sociales l'équilibre qui se trouve rompu. S'il réussit alors par un coup d'Etat à faire une révolution, c'est que la révolution est déjà faite dans les esprits. Plus tard on oublie cela par une réaction naturelle, et l'acte qui fut salué par les acclamations de tout un peuple se trouve transformé en crime par quelques individus; reste le jugement de la postérité.

VIII

C'était un point assez généralement consenti par les publicistes jusqu'à nos jours, que la forme républicaine démocratique ne s'applique guère à de puissants et vastes Etats, et qu'elle n'a des chances de durée et de prospérité que lorsqu'elle s'accommode à une contrée peu étendue, à une population restreinte. Montesquieu avait dit dans son *Esprit des Lois* : « Il est de la nature d'une république qu'elle n'ait qu'un petit territoire, *sans quoi elle ne peut guère subsister*. » (Liv. VIII, chap. 16.)

J'ai longuement médité cette thèse et tâché de bien préciser comment et dans quelles limites doit être admis un principe qui paraît au premier abord assez étrange. Pourquoi en effet une extension de territoire et de population rendrait-elle vicieuse une forme de gouvernement en soi bonne et réalisable ? C'est ce qui deviendra fort clair, je l'espère, par les développements qui suivent.

Qui ne voit en y réfléchissant que lorsqu'il s'agit d'une ville avec sa banlieue, comme dans la Grèce antique, l'esprit de turbulence, qui est la vie même de la démocratie, ne doive être suivi, le plus souvent, que d'effets circonscrits et passagers ! Une révolution se terminera entre deux soleils ; elle aura pour théâtre la place du marché ou une salle de conseil, et pour résultat le remplacement d'une magistrature par une autre ; le calme succédera promptement à l'orage ; mais dans un grand Etat démocratique la commotion se fait sentir au loin et ne s'apaise pas de sitôt ; elle a de plus puissantes, de plus durables conséquences : les passions, les convoitises ont plus de force et font naître des partis considérables entre lesquels s'établit une lutte violente et acharnée. De là pour le gouvernement des difficultés devant lesquelles il chancelle et succombe parfois.

D'autant plus qu'il a fallu constituer un pouvoir exécutif ; et c'est là assurément la pierre d'achoppement de cette forme gouvernementale. Dans la république démocratique, cela est bien entendu, il est essentiellement subordonné à l'autre pouvoir ; mais encore faut-il bien pourtant qu'il existe, en dehors de l'Assemblée nationale, si l'on veut arriver à un établissement régulier et conforme aux principes. Ceux qui ont participé à l'élaboration d'une constitution républicaine savent dans quel embarras se trouvent alors les constituants pour asseoir sur ce sol mouvant le chef temporaire de l'Etat. « Il doit, selon Aristote (*Politique*, liv. III), qui avait très-bien aperçu la difficulté, *avoir assez de force pour réprimer les individus et point assez pour opprimer la nation.* » Cela est admirablement dit, mais c'est là le point embarrassant. Cet exact équilibre, il est très-difficile de l'obtenir ; nous l'avons cherché sans le trouver ; l'abbé Syéyès y a vainement épuisé à diverses reprises les combinaisons de l'un des esprits politiques les plus ingénieux et les plus féconds de l'époque. Après lui on pourrait considérer le problème comme insoluble.

Faut-il, en effet, plus qu'un instant de réflexion pour reconnaître que dans un vaste et puissant Etat, parmi le dissentiments qui naissent de la diversité des opinions, du choc des intérêts, de la rivalité des professions, de la lutte des localités, de mille autres circonstances que je ne saurais énumérer, le pouvoir exécutif qui emprunte une grandeur croissante de la grandeur même du pays qu'il régit, trouve naturellement des moyens de se fortifier et de s'étendre ? Ceux qui sont chargés d'organiser une République de grandes dimensions savent si bien cela que pour éviter ce péril ils l'entourent d'ordinaire de restrictions et d'entraves, limitent sa prérogative et sa durée, souvent lui ôtent d'une main ce qu'ils lui donnent de l'autre. Ils iront ainsi jusqu'à rompre son unité comme l'avait fait la constitution directoriale, qui offre pourtant d'excellentes parties qu'on eût dû peut-être adopter en 1848. Nouvel écueil, alors il perd toute vigueur et ne peut plus accomplir sa mission ; les lois sont le jouet de tous et l'Etat tombe dans le désordre. Telle est bien l'alternative ; trop fort, tyrannie ; trop faible, anarchie : comment sortir de là ?

Ces vues que je viens de résumer relativement à la forme républicaine, elles ont été pleinement mises en lumière par M. Hippolyte Passy, l'un des plus éminents esprits de notre temps, dans un *Mémoire* communiqué il y a plus de trente années à l'Académie des sciences morales et politiques ; il faut lire cet écrit substantiel. On ne saurait mieux montrer que ne l'a fait l'auteur comment dans les Etats démocratiques, considérables par le territoire et la population tels que la France, cette forme de gouvernement devient bientôt insuffisante pour garantir la société contre les périls de la situation et est finalement remplacée par l'ordre monarchique, et *autant de fois*, ajoute prophétiquement

M. Passy, *l'épreuve sera renouvelée, autant de fois elle aura le même résultat* (page 34). Les événements se sont, en effet, accomplis à la suite de la révolution de Février, ainsi que l'avait annoncé d'avance cet écrivain (1).

Qui oserait affirmer que le même sort n'attend pas la troisième épreuve de la république essayée en 1870 !

On pourrait conclure de tout ce qui précède qu'à mon sens une grande république démocratique est irrationnelle et impossible, il n'en est rien. Cette conclusion doit être modifiée, il ne s'agit ici que de la république qu'on désigne sous l'appellation d'*unitaire* pour la distinguer d'une autre due à une conception ingénieuse et qui marque un important progrès des modernes dans la science politique ; car les anciens n'en ont guère connu que l'ébauche. Cette conception rend au contraire une telle république praticable et peut même lui assurer de hautes destinées ; on voit que je veux parler de la république *fédérale*.

(1) Quelques semaines avant la Révolution du 4 septembre, M. Passy avait fait paraître un volume sur les *diverses formes de gouvernement*, (1870, librairie Guillaumin, rue Richelieu), dans lequel, reproduisant et développant les idées contenues dans son précédent mémoire, il montre avec évidence qu'il est impossible que la forme républicaine donne, dans notre pays, de suffisantes garanties aux grands intérêts moraux et matériels de l'association, et avant tout à la liberté. C'est ce qu'avait entrevu, dès 1791, le profond penseur Siéyès, que j'ai cité plus haut, et avait appelé de sa part la déclaration explicite qui sert d'épigraphe à ce mémoire.

IX

En effet, au moyen du fractionnement du territoire en *Etats souverains* dont chacun reste maître chez soi à beaucoup d'égards et s'unit simplement à tous dans un intérêt général commun, nous nous trouvons placés sur un nouveau terrain. La société a retrouvé les garanties qu'elle réclame, car d'une part les Etats se contiennent l'un par l'autre et les dissensions civiles ne sauraient généralement y avoir de bien funestes conséquences ; du moins ces écarts qui sont inhérents à la démocratie rencontrent une barrière, et vous voyez bien d'autre part qu'il devient dès lors facile d'instituer dans la personne du chef de la confédération un pouvoir qui aura une grande force pour le maintien du lien fédéral, qui sera une imposante autorité vis-à-vis de l'étranger et ne mettra nullement en péril la liberté à l'intérieur.

Ce résultat décisif est bien réellement obtenu parce que chaque Etat, comme le fait remarquer Tocqueville dans son bel ouvrage sur la *Démocratie aux Etats-Unis*, n'aura cédé au gouvernement de l'union que ce qui était nécessaire pour la maintenir et se sera strictement gardé le reste. Ce président de la république fédérale, qui marche de pair avec les rois, ne pourra en fait, dans les circonstances ordinaires, disposer d'un écu ni d'un homme au sein d'un des Etats confédérés.

Comparez par la pensée à ce personnage le chef de la république unitaire : celui-ci a dans ses mains l'armée et la flotte, les finances et les travaux publics, la justice et l'instruction publique, les lettres et les arts ; il a tout, il dispose de tout et se fera forcément des innombrables emplois auxquels il pourvoit une vaste clientèle sur laquelle il s'appuye et qui le pousse en avant.

Quoi qu'on fasse, il a bien fallu concentrer dans ses mains tous ces éléments de la puissance publique qui, d'après la constitution fédérale, se trouvent répartis entre les divers gouvernements locaux. Ceci est capital, songeons-y bien, et il se trouve en définitive que croyant faire de la république c'est au fond de la monarchie qu'on a fait, de la monarchie déguisée ; toutes les conditions de cette forme de gouvernement s'y réunissent, excepté cet élément de stabilité qu'on trouve dans l'ordre monarchique héréditaire et dont l'avantage n'aura jamais d'équivalent pour les peuples.

Voilà ce qui ressort clairement de l'examen comparatif du texte même des actes constitutifs sur lesquels reposent ces deux sortes de républiques ; il ne faut que se donner la peine de lire pour reconnaître la justesse de cet exposé.

Comment cette distinction si importante a-t-elle échappé jusqu'ici à la plupart de nos publicistes ? On cite sans cesse les Etats-Unis à propos de la fondation de la république en France, comme s'il ne s'agissait pas d'un ordre de choses entièrement différent et sans analogie aucune ; n'est-ce pas vouloir assimiler des faits absolument contraires et dont les conséquences ne sauraient être identiques ?

Rien n'est parfait ici-bas, au surplus ; il en est des institutions comme des hommes; satisfaisantes dans l'ensemble et conformes au but proposé sous plusieurs rapports, elles sont défectueuses par de certains côtés.

Ainsi la République fédérale, qui remplit merveilleusement le double but de rendre plus facile le développement de la démocratie et l'organisation du pouvoir destiné à la contenir sans l'opprimer, a l'inconvénient de seconder l'esprit de scission, la tendance à la dissolution de l'union nationale. Telle est l'origine de l'effroyable guerre civile dont les Etats-Unis ont été naguère le théâtre et qui a fait à cette république une blessure à peine encore cicatrisée. Mais ceci laisse intacte la distinction fondamentale que j'ai établie.

Tous les pays après tout ne se prêtent pas à former des confédérations; il en est qui repoussent profondément une telle organisation politique. Chacun dans le nôtre peut sans doute aujourd'hui aborder cette question sans risquer sa vie, comme en 1793; mais qui croirait possible aujourd'hui quelque chose de pareil pour notre France, au sein de l'Europe du dix-neuvième siècle? Ce qui était jusqu'à un certain point praticable au début de la révolution, alors qu'il y avait parmi nous des *pays d'Etat*, qu'on eût facilement transformés en membres souverains d'une union fédérale, ne l'est évidemment plus et il n'y a rien à espérer de ce côté en fait d'organisation républicaine.

En définitive, il semble donc nettement établi, par les considérations ci-dessus exposées, que la forme républicaine ne saurait être chez un grand peuple un établissement politique véritablement rationnel qu'autant qu'elle sera *aristocratique* si elle est *unitaire*, et *fédérative* si elle est *démocratique.* Telle est la formule qui me paraît devoir être admise et fixer un point important dans la science politique.

Et qu'on remarque combien cette doctrine reçoit une éclatante justification des faits mêmes que présente l'histoire de notre vieille Europe. Toutes les républiques s'y sont peu à peu éteintes; une seule a survécu et c'est une république fédérale : la Suisse. Mais l'esprit révolutionnaire se manifeste là comme ailleurs : que les radicaux l'emportent, que le régime fédéral soit renversé au profit de l'idée d'unité qui germe en quelques parties de cette république et vous la verrez, à la suite d'agitations funestes, descendre à son tour dans la tombe.

Dans un autre pays, en Espagne, la théorie que j'ai formulée vient d'obtenir une imposante confirmation. Nous avons vu, à la suite de la révolution qui y a momentanément renversé la monarchie parlementaire, le parti républicain se rallier, sauf quelques rares exceptions, au système fédératif. Je ne me refuse nullement à la pensée que cette organisation était, à quelques égards, possible dans cette contrée; mais le pays est essentiellement monarchique, c'est donc le rétablissement de la monarchie constitutionnelle qu'ont accepté les hommes qui formaient un gouvernement transitoire, et ils ont eu raison.

On me rendra ce témoignage que je ne suis nullement un adversaire systématique de la république; je cherche seulement à la mettre à sa place dans les diverses formes qu'elle comporte.

Or, je ne puis voir comment il se pourrait qu'elle convînt à notre pays, qu'elle s'y établît dans des conditions satisfaisantes et propres à fonder son avenir; ma raison me dit que la république fédérale étant impossible, la démocratie, obligée de recourir par conséquent à la forme unitaire, n'a dans le fait que le choix entre l'anarchie que suit inévitablement le despotisme et la monarchie représentative, port assuré pour la liberté, pour l'ordre calme et prospère qui est l'objet de ses vœux.

En fait, pendant les périodes monarchiques marquées par les quatre règnes précédents quelques fautes qu'on puisse y signaler, pendant ces périodes, dis-je, qui comprennent environ soixante années, la France a pu respirer; le travail et le crédit ont repris leur essor, les capitaux mobiliers se sont développés avec tous les éléments du bien-être public dans une forte proportion. Les périodes républicaines au contraire ne rappellent que des souvenirs d'agitations civiles, de violation de toutes les libertés, de constantes alarmes pour la vie et la fortune des citoyens; enfin d'une sorte de désorganisation générale qui est toujours avant tout l'œuvre de l'esprit révolutionnaire.

Les peuples ont, comme les individus, l'instinct de conservation; c'est cet instinct qui rattache la France à l'ordre monarchique auquel elle revient toujours à la suite des révolutions qui l'ont renversé, avec une persévérance égale à celle que le parti républicain met à le lui enlever; elle y revient comme à la seule organisation qui puisse préserver notre société démocratique de l'anarchie et assurer sa marche régulière vers le progrès.

Ce que doit être cet ordre monarchique, qui s'adaptera à notre grande démocratie française et présentera finalement les avantages de la République sans en avoir les inconvénients, ceci n'est pas de mon sujet. Je m'arrête.

X

Avant de quitter la plume, retraçons en peu de mots l'histoire de l'*idée républicaine* en France, depuis les premiers jours de la Révolution jusqu'à ce temps-ci ; suivons-en avec fidélité les péripéties diverses.

Au berceau même de la Révolution, elle n'a pas d'existence; vous en chercheriez vainement la trace dans les fameux cahiers des États-Généraux ; une réforme complète, radicale de l'ancienne monarchie y apparaît, mais l'esprit monarchique y domine. Les événements suivent leurs cours; dans l'Assemblée constituante, dans la Législative rien ne se manifeste encore en ce sens. Pétion aura pu dire dans une lettre, plus tard adressée à Robespierre, que « lorsqu'on entreprit la Révolution du 10 août, il n'y avait » que cinq hommes en France, qui voulussent la République. »

Vers le même temps, le girondin Buzot affirme que la majorité du peuple français voulait la royauté avec la Constitution de 1791, et que « tous les gens sensés ne parlaient » des Républicains que comme on parle de *fous honnêtes.* » Condorcet appelle de son côté la République française *un rêve sublime.*

La Monarchie ayant été renversée, la République est enfin inaugurée avec fracas; elle est incorporée aux générations de cette époque par tous les moyens bons ou mauvais, pendant sept années, à tel point qu'il semble que la royauté n'est plus qu'un mythe des anciens temps ; mais point du tout: la République disparaît un jour aux acclamations à peu près unanimes de la nation. « Finissant, dit l'illustre historien du Consulat et de l'Empire, aujourd'hui Chef du pouvoir exécutif, M. Thiers, par les mains d'un soldat victorieux, *comme finissent toutes les Républiques qui ne vont pas s'endormir dans les bras de l'oligarchie.* » (Tome V.)

Alors on voit l'idée républicaine s'effacer graduellement de la pensée publique de telle sorte qu'à la fin de l'Empire elle n'est plus représentée que par quelques membres du Sénat, débris de nos anciennes Assemblées et qui, pourvus de titres et de dotations, la recèlent encore néanmoins au fond de l'âme. Mais elle est dans le fait abandonnée par tous les hommes qui ont figuré sous les divers régimes depuis 1789. On en a un témoignage dans la fameuse lettre au roi de Carnot (1814), l'illustre organisateur de la défense nationale dans notre première guerre contre l'invasion étrangère, défense nationale plus heureuse, hélas ! que ne l'a été celle dont nous venons d'être les tristes témoins.

En 1815, Manuel peut dire à la tribune : « Rien ne donne » à penser que *le parti* (républicain) existe encore, soit » dans des têtes dépourvues d'expérience, soit dans celles » que l'expérience a mûries. »

Il est vrai que tout va bientôt changer. Avec la Restauration renaît en France l'esprit d'émigration, et par contre l'esprit révolutionnaire reprend aussi son essor. L'idée républicaine germe dans quelques esprits appartenant aux générations nouvelles ; d'abord combinée avec la réaction bonapartiste, elle s'en sépare et s'étend par degrés ; cependant on voit combien elle est faible encore en 1830. Elle a un instant la volonté de se manifester en présence de la Révolution opérée par la Chambre des députés, mais elle reste finalement impuissante.

Pendant le règne de Louis-Philippe, l'idée républicaine se maintient d'abord à l'état de lutte ouverte, puis gagne ensuite sourdement du terrain jusqu'au jour où, profitant du mouvement de désaffection qui s'est propagé dans tout le pays, elle fait, en février 1848, une irruption nouvelle.

La République est inaugurée pour la seconde fois ; mais trois ans après, parmi les alarmes que suscite la lutte violente, acharnée, qui s'est établie, comme toujours, dans le sein même du parti républicain et tient à la nature des choses, elle est violemment refoulée ; suit une période monarchique de dix-huit années que l'histoire jugera et pendant laquelle plusieurs votes considérables de la nation attestent tout au moins l'éloignement des masses pour la forme républicaine.

A l'issue de cette période, un immense revers national devient inopinément l'occasion d'un nouveau retour à la République... C'est la situation actuelle sur laquelle la nation est appelée à se prononcer.

Après ces phases diverses, n'est-on pas tenté de se demander si le temps est bien loin de nous où cette forme de gouvernement, perdant insensiblement le crédit qu'elle exerce encore sur nombre d'esprits calmes et sérieux, ne s'effacera pas de nouveau de la pensée publique, comme ne pouvant mener qu'à des perturbations sans résultats?

Un pays voisin nous offre à ce sujet un fait frappant; en Hollande, l'idée républicaine s'est complétement éteinte dans les âmes; cherchez chez ce sage peuple, qui a pourtant un si brillant passé républicain, un citoyen que séduise le retour à cette existence agitée, tumultueuse jusqu'aux violences effrénées des siècles précédents, vous n'en trouvez dans aucune classe. Il n'y a plus là que des hommes satisfaits du régime de liberté dont ils jouissent, sous le sceptre protecteur de la maison de Nassau.

Grand exemple à méditer pour nous !

XI

Résumons les données principales qui ont été établies dans ce Mémoire.

I. La République est une forme de gouvernement dont on n'a généralement en France qu'une idée vague et sans précision.

Pour le plus grand nombre, la République, c'est qu'il n'y a pas de roi. Ce qui ne saurait être une juste base de définition, puisqu'il y a eu en fait des Républiques dont le chef portait le titre royal ou un titre analogue avec les attributions plus ou moins complètes de la royauté.

Le degré de liberté dont jouissent les citoyens, la consécration des droits qu'ils exercent n'est pas davantage une base de définition, puisqu'il est tel Etat monarchique, par exemple l'Angleterre, qui le dispute à cet égard à la meilleure République.

En réalité, on ne saurait trop dire, dans l'état actuel de la science politique, à quelle sorte de gouvernement il faut assigner le nom de République.

II. Si on se livre à un examen sérieux de la question, on reconnaît que la solution est dans les rapports respectifs entre les deux pouvoirs, le *législatif* et l'*exécutif*, qui se partagent la puissance publique pour empêcher le despotisme et assurer la liberté des citoyens.

Selon que les rapports respectifs entre les deux pouvoirs fondent la supériorité décisive de l'un sur l'autre, il y a Monarchie ou République.

La République est par suite la forme de gouvernement où une prépondérance absolue est attribuée au pouvoir législatif sur le pouvoir exécutif qui n'en est plus qu'une délégation dépendante et responsable.

On a ainsi une règle précise et il n'est plus possible de s'y méprendre ; en fait de République, il est maintenant facile de reconnaître qu'on peut avoir le mot sans la chose, ou la chose sans le mot.

III. La République est *aristocratique*, *oligarchique* ou *démocratique*, suivant l'élément qui domine dans le corps social.

La France est une grande démocratie au sein de laquelle l'inégalité sociale se combine avec l'égalité politique consacrée par le suffrage universel.

Par conséquent, la République ne saurait y être que démocratique.

IV. Toute force sur laquelle repose l'organisation politique, doit rencontrer un contre-poids par lequel soit contenue et réprimée la tendance naturelle à absorber en elle toute la puissance publique et sauvegardé l'ensemble des intérêts divers qui constituent la société.

A la démocratie doit particulièrement être opposée une

digue susceptible de l'arrêter dans ces entraînements subversifs auxquels elle cède par la nature même des choses.

V. Or, dans une grande démocratie, une et homogène, telle que la France, le contre-poids qui est tout trouvé dans la République aristocratique ou oligarchique, ne saurait exister, puisqu'il n'y a absolument aucune supériorité quelconque sur laquelle on puisse le faire reposer.

C'est la raison pour laquelle plusieurs républiques, aristocratique ou oligarchique, ont eu une assez longue durée, tandis que les républiques purement démocratiques n'ont en général eu qu'une existence éphémère, à moins que leur domination ne fût étendue qu'à une ville ou à un faible territoire, ce qui atténue les inconvénients et les périls de cet état de choses.

VI. En effet, dans une vaste et puissante République démocratique, il n'y a qu'un moyen de résister aux écarts inévitables de la démocratie, c'est de mettre au sommet un pouvoir exécutif doté d'une force suffisante pour entrer en lutte avec elle.

Mais un tel pouvoir exécutif est incompatible avec la constitution de la République démocratique dont le principe fondamental est précisément la concentration de la toute-puissance dans le pouvoir législatif auquel l'autre pouvoir reste essentiellement subordonné.

Telle est la contradiction radicale qui imprime de toute rigueur à l'Etat placé dans de semblables conditions, des tendances anarchiques.

La République démocratique, qui peut convenir à un

petit Etat, est donc un établissement irrationnel et impraticable dans un grand.

VII. Toutefois, ceci ne doit se dire d'un Etat que lorsqu'il forme, comme la France, une grande unité démocratique, c'est-à-dire lorsque la République est *unitaire*; au contraire, lorsque la République est *fédérative*, c'est-à-dire lorsqu'elle se forme d'un certain nombre d'Etats souverains ayant chacun leur gouvernement local et reliés entre eux par le pacte fédéral, elle devient très-praticable et peut assurer de hautes destinées au pays qui l'adopte.

Cette combinaison, qui marque un notable progrès de la science politique chez les modernes, résout le problème que présente l'établissement durable et prospère de la République démocratique.

Les Etats confédérés sont tous, effectivement, d'une part, garantis l'un par l'autre contre les excès de la démocratie; d'autre part, ces Etats s'étant réservé, dans les attributions gouvernementales, toutes celles qui n'étaient pas nécessaires au chef central de l'union, pour la maintenir, ce chef peut être armé d'une grande force sans aucun danger pour la liberté.

VIII. L'expérience est venue confirmer les principes posés ci-dessus; en France, la République unitaire a deux fois succombé, au dehors, les seules Républiques qui se soient maintenues, sont des Républiques fédérales.

La raison conseille donc, dans tous les grands pays où le fractionnement du territoire et sa formation en état fédéral sont impossibles, de renoncer à la forme républicaine et de se rallier définitivement à la monarchie représentative, gouvernement où les peuples peuvent seulement trouver le régime d'ordre et de liberté auquel ils aspirent.

Heureuse la patrie, dirai-je en terminant, si l'opinion républicaine, noble et généreuse assurément dans son principe, éclairée par le raisonnement et l'expérience, était amenée à reconnaître qu'elle poursuit une chimère ; attendu que, dans l'état de concentration de tous les pouvoirs, de toutes les forces vives de la nation, qui constitue son unité et est la grande œuvre révolutionnaire, vainement est inscrit le nom de République en tête des actes publics, au fond c'est la monarchie, toujours la monarchie, qui domine, la monarchie *moins le monarque*, c'est-à-dire un établissement illogique et anormal et de nature nécessairement transitoire.

Si, dis-je, cette opinion en venait à s'avouer que la réalisation véritable de l'organisation démocratique pour notre vaste territoire, c'est la forme monarchique appropriée à des conditions nouvelles et devenue l'égide puissante des libertés publiques ! si ce grand résultat était, avec le temps, obtenu, je serais fier d'y avoir eu une part même modeste par ce solennel et dernier appel adressé à mes concitoyens.

P. A. Dufau.

8967. — Versailles, imp. Beau, rue de l'Orangerie, 36.

www.ingramcontent.com/pod-product-compliance
Ingram Content Group UK Ltd.
Pitfield, Milton Keynes, MK11 3LW, UK
UKHW022144190726
13855UKWH00003B/1332

9 782012 996151